# BEI GRIN MACHT SICH IHR WISSEN BEZAHLT

- Wir veröffentlichen Ihre Hausarbeit, Bachelor- und Masterarbeit

- Ihr eigenes eBook und Buch - weltweit in allen wichtigen Shops

- Verdienen Sie an jedem Verkauf

Jetzt bei www.GRIN.com hochladen und kostenlos publizieren

**Bibliografische Information der Deutschen Nationalbibliothek:**

Die Deutsche Bibliothek verzeichnet diese Publikation in der Deutschen Nationalbibliografie; detaillierte bibliografische Daten sind im Internet über http://dnb.d-nb.de/ abrufbar.

Dieses Werk sowie alle darin enthaltenen einzelnen Beiträge und Abbildungen sind urheberrechtlich geschützt. Jede Verwertung, die nicht ausdrücklich vom Urheberrechtsschutz zugelassen ist, bedarf der vorherigen Zustimmung des Verlages. Das gilt insbesondere für Vervielfältigungen, Bearbeitungen, Übersetzungen, Mikroverfilmungen, Auswertungen durch Datenbanken und für die Einspeicherung und Verarbeitung in elektronische Systeme. Alle Rechte, auch die des auszugsweisen Nachdrucks, der fotomechanischen Wiedergabe (einschließlich Mikrokopie) sowie der Auswertung durch Datenbanken oder ähnliche Einrichtungen, vorbehalten.

**Impressum:**

Copyright © 2015 GRIN Verlag
Druck und Bindung: Books on Demand GmbH, Norderstedt Germany
ISBN: 9783668681927

**Dieses Buch bei GRIN:**

https://www.grin.com/document/418693

Ümran Düser

# Österreichs Demokratiequalität. Eine Bewertung

GRIN Verlag

**GRIN - Your knowledge has value**

Der GRIN Verlag publiziert seit 1998 wissenschaftliche Arbeiten von Studenten, Hochschullehrern und anderen Akademikern als eBook und gedrucktes Buch. Die Verlagswebsite www.grin.com ist die ideale Plattform zur Veröffentlichung von Hausarbeiten, Abschlussarbeiten, wissenschaftlichen Aufsätzen, Dissertationen und Fachbüchern.

**Besuchen Sie uns im Internet:**

http://www.grin.com/

http://www.facebook.com/grincom

http://www.twitter.com/grin_com

# Österreichs Demokratiequalität

Wie lässt sich Österreichs Demokratiequalität bewerten?

Universität Wien

Institut für Politikwissenschaften

2015

# Inhaltsverzeichnis

Inhaltsverzeichnis ................................................................................................ 1
1) Einleitung ...................................................................................................... 2
2) Bewertung der Demokratiequalität Österreichs .......................................... 4
    a) Dimension der Freiheit ............................................................................ 5
    b) Dimension der Gleichheit ........................................................................ 5
    c) Dimension der Kontrolle ......................................................................... 5
    d) Dimension der nachhaltigen Entwicklung .............................................. 5
    e) Andere Indikatoren .................................................................................. 5
3) Diskussionsbedürftige Reformen Österreichs Demokratiequalität ............ 6
    a) Staatsbürgerschaft ................................................................................... 6
    b) Gender-Gleichheit, Pressefreiheit, verbesserte Integration von Migrantinnen und Migranten und Beseitigung von Korruption ....................................... 6
    c) Ausbalancierung von politischer Macht ................................................. 6
    d) Volksabstimmungen ................................................................................ 7
    e) Politische Bildung .................................................................................... 7
    f) ‚Democratic Audit' von Österreich ......................................................... 7
4) Schlussfolgerung ........................................................................................... 8
5) Literaturverzeichnis ...................................................................................... 9

# 1) Einleitung

In dieser schriftlichen Arbeit soll es darum gehen, die Demokratiequalität Österreichs zu bewerten. Das zentrale Ziel der Arbeit ist die Demokratiequalität Österreichs zu bestimmen und diese in Form von Thesen zur Diskussion zu stellen. Ausgegangen wird hier zunächst vom Begriff der Demokratiequalität, denn dieses bestimmt ob das politische System Österreichs bereit ist, bestimmte Herausforderungen zu bewältigen.

Hiermit gewinnt die Frage der Demokratiequalität an Relevanz, für welches eine Messung infrage kommt. Wobei darauf geachtet werden sollte, dass die Messung der Demokratiequalität nicht immer auf die Demokratiemessung zurückzuführen ist. Denn die Messung der Demokratiequalität ist mit einer bestimmten Komplexität ausgestattet.[1]

Aufgrund des weltweiten Ausmaßes an Demokratien, besteht ein Bedarf an zwischen den unterschiedlichen Arten von Demokratien zu unterscheiden. Es ist zwischen den Demokratien mit Mindestanforderungen, welche etwa die regelmäßige Durchführung von Wahlen messen, und den Demokratien mit mittleren oder höheren Qualität, welche beispielsweise einen weit ausgeweiteten Ausbau von Rechten und Freiheiten verfolgen, zu unterscheiden. Wobei das Zweitere bedeutende Reformpunkte für eine hilfreiche Weiterentwicklung von Demokratie hervorbringt.[2]

Demokratie ist eine Herrschaftsform, das sich etabliert hat und bei der das Volk in irgendeiner Form an der Regierung beteiligt ist. Doch was genau versteht man unter dem Begriff Demokratie? Viele haben selbstverständlich seine eigene Vorstellung davon, was eine Demokratie bedeutet. Doch die Frage ist, wie sie sich genau erklären lässt? Was gehört zu einer Demokratie?

Um diese Fragen beantworten zu können benötigt es eine Definition des Demokratiebegriffs. Doch die Begriffsbestimmung ist breit ausgeweitet, denn es gibt nicht eine konkrete Definition aber verschiedene, konfliktorientierte und sich widersprechende Demokratiebestimmungen.

---

[1] Campbell/Barth, 2009, 210.
[2] Ebd. 210.

Demokratie kommt aus dem Griechischen und bedeutet Volksherrschaft. Es ist ein Sammelbegriff für moderne Lebensformen und politische Ordnungen. Es bezeichnet eine Staatsform, in der die Staatsgewalt vom Volk ausgeht und direkt oder indirekt von ihm ausgeübt wird.[3] Demokratische Systeme, wie auch Österreich, rücken den einzelnen Bürger, den Menschen in seiner Würde und Einzigartigkeit in den Vordergrund. Dieser Auffassung entsprechen die Grund- und Menschenrechte, welche in Diktaturen außer Kraft gesetzt sind.

Weltweit sind heute die meisten demokratisch verfassten Staaten Republiken, das heißt sie kennen keine erblichen Ämter. Einige Staaten, besonders in Nordeuropa, beispielsweise Großbritannien, haben das Königtum beibehalten. Doch deren Verfassung garantiert jedoch trotzdem alle demokratischen Grundrechte und beschränkt sich auf Aufgaben und Kompetenzen der Königin oder des Königs wesentlich ein. Diese können nicht als eine Gefahr für eine stabile Demokratie angesehen werden.

Das politische System Österreichs ist seit der 1980er Jahre einem raschen Wandel unterworfen, doch es ist nicht zum übersehen, dass Österreich mit dem Beitritt in die Europäische Union es einen bedeutenden Entwicklungsschritt gemacht hat.

Die Arbeit beginnt mi der einführenden Einleitung in das Thema der österreichischen Demokratiequalität. Im nächsten Teil der Arbeit wird auf die Dimensionen der Demokratiequalität aufgezählt und ihre allgemeine Bedeutung in einem Staat in den Vordergrund gebracht. Dieser genannte Teil basiert auf den letzten Teil der Arbeit, welcher auf die Demokratiequalität speziell in Österreich eingeht und Diskussionsbedürftige Reformen in die Hand nimmt.

Es wurde besonders Literaturquellen aus dem Seminar verwendet aber auch andere Nachschlagewerke zur Begriffsbestimmung oder etwa um fremde Termini klarer auszudrücken, wurden dafür herangezogen.

---

[3] Klaus/Klein, 2011, 97.

## 2) Bewertung der Demokratiequalität Österreichs

Die Demokratie ist eher eine Prozess, welche ständig erhalten bleibt und konsolidiert werden muss, daher reicht es nicht aus, dass beispielsweise mehrere politische Parteien existieren. Sie kann sich nur etablieren, wenn sie zu einer Überzeugung der ganzen Gesellschaft wird, wenn sich Denk- und Verhaltensweisen, das heißt die politische Kultur, auf demokratische Werte basieren und orientieren.

Österreich ist zweifelsohne keines der Länder, in denen Menschen um ihre Grundrechte und um das Recht der politischen Partizipation kämpfen müssen. Demokratie und Stabilität sind selbstverständlich. Doch eben aufgrund dieser Selbstverständlichkeit muss man vielleicht besonders darauf achten, dass die nicht untergehen, sondern laufend überprüft und hinterfragt werden. Gerade mitunter vielschichtigen Bedeutungen solcher Begriffe in ihrer Selbstverständlichkeit deswegen sollte man nicht unreflektiert lassen, was banal klingt, aber viel tiefer geht als eine komplizierte Analyse oder verwirrendes Zahlenmaterial. Eine Aussage vom Politologen Anton Perlinka wie „*Die Demokratie hat sich stabilisiert*"[4], ist nur eines von unzähligen Beispielen dafür.

Nach diesen klaren Ausführungen lässt sich diese folgende zentrale Fragestellung ableiten: Welche Elemente sind nun notwendig um die österreichische Demokratiequalität zu bewerten und welche Aktivitäten sind relevant um sie zu konsolidieren? Wo liegen die Schwächen der Demokratiequalität im politischen System Österreichs?

Es wurde die Demokratiequalität zwischen den Mitgliedsländern der Organisation for Economic Co-operation and Development (OECD) unter Anbetracht bestehender Indikatoren analysiert. Dazu wurde das Jahr 2010 festgelegt. Um über die verschiedenen Indikatoren zu beschreiben wurden sie auf einer Werteskala von 0-100 bewertet, wobei '0' als die schlechteste und '100' als die beste Einheit für Demokratie und Demokratiequalität gekennzeichnet wurde. Im Folgenden werden die angegebenen Quellen der Indikatoren genannt und präzisiert.[5]

---

[4] Pelinka, 2003, 543
[5] Campell, 2012, 304-306.

a) Dimension der Freiheit
b) Dimension der Gleichheit
c) Dimension der Kontrolle
d) Dimension der nachhaltigen Entwicklung
e) Andere Indikatoren

Zur Analyse, mit Bezug auf die vorher genannten Fragestellungen und zu diesen Ergebnissen der Demokratiequalität Österreichs, wurden diese vorher aufgezählten Dimensionen Freiheit, Gleichheit, Kontrolle und nachhaltige Entwicklung in den Mittelpunkt gestellt. Zusammengefasst lässt sich daraus folgendes ableiten:[6]

a) Österreichische Demokratiequalität fällt im Vergleich gut aus bei ‚political rights' und ‚civil liberties', in der Dimension Freiheit, Einkommensgleichheit, bei der Dimension Gleichheit und bei den Indikatoren für die Dimension nachhaltiger Entwicklung.
b) Österreichische Demokratiequalität fällt im Gegensatz zu a) nicht gut aus bei Pressefreiheit und der ökonomischen Freiheit, in der Dimension Freiheit, Gender-Gleichheit, bei der Dimension Gleichheit, und Korruption, in der Dimension Kontrolle.
c) Österreichische Demokratiequalität ist bei beiden verwendeten Indikatoren des Migrant Integration Policy Index (MIPEX) sichtbar niedriger positioniert.

Aus diesen Ergebnissen kann man ablesen, dass die Stärken und Schwächen der österreichischen Demokratiequalität sich bei den Dimensionen der Freiheit und Gleichheit unterscheiden. Hingegen bei der Dimension der nachhaltigen Entwicklung zeigt sich die österreichische Demokratiequalität handfest und stark. Zur weiteren Stärkung dieser zeigen sich die potenziellen Problemfelder als wichtig, weil in diesen noch Reformen von Politik und Demokratie aufgestellt werden sollten. Außerdem zeigt sich deutlich, dass sich Innovationsnotwendigkeiten für die österreichische Demokratiequalität die Pressefreiheit, der Gender-Gleichgewicht und die Bekämpfung von Korruption notwendig ist.

Doch für die österreichische Demokratiequalität benötigt man das dringende Eingreifen besonders in die Integration von Migrantinnen und Migranten, damit sind

---
[6] Ebd. 308

die nicht-EU-Bürger gemeint, dieses sollte verbessert werden sowie eine Aufbesserung des Zugangs zur Staatsbürgerschaft. Denn der automatische Erwerb der Staatsbürgerschaft erfolgt nach wie vor über die Staatsbürgerschaft der Eltern. Die Geburt in Österreich und der Aufenthalt während der Kindheit und Jugend werden ausgeblendet. Schließlich ist die Abstammung das Entscheidende über politische Rechte und automatische Partizipation an Österreichs Demokratie.[7]

## 3) Diskussionsbedürftige Reformen Österreichs Demokratiequalität[8]

Im Folgenden werden Möglichkeiten zur Verbesserung der österreichischen Demokratiequalität, die im vorherigen Kapitel kurz erwähnt wurden, detailliert aufgezählt und näher auf sie eingegangen.

### a) Staatsbürgerschaft

Hier sollte jeder und jede, welche in Österreich geboren sind, in die österreichische Staatsbürgerschaft automatisch übergehen. Dies sollte auch eine bestimme Anzahl an Personen betreffen, welche sich während ihrer Kindheit oder in der Jugend in Österreich aufgehalten und gewohnt haben. Die Doppel- oder Mehrfachstaatsbürgerschaft ist noch diskussionsbedürftig und sollte auch überdacht werden.

### b) Gender-Gleichheit, Pressefreiheit, verbesserte Integration von Migrantinnen und Migranten und Beseitigung von Korruption

In diesen genannten Bereichen sollte sich Österreich aufbessern, denn diese sind erneuerungsbedürftig. Aufgrund dessen sollten sich die Reformen der österreichischen Demokratie auf diese Anwendungsbereiche richten.

### c) Ausbalancierung von politischer Macht

Forschungen ergaben, dass Regierungsparteien ein höheres Risiko aufweisen, bei Wahlen zu verlieren als zu gewinnen. In Österreich ist auf jeden Fall die Besonderheit, dass es im Nationalrat seit der Nationalratswahl 1983 permanent eine ‚rechte'

---

[7] Ebd. 308-309.
[8] Ebd. 310-311.

Mandatsmehrheit gibt, vor Augen zu führen. Außerdem erscheint eine verbesserte Machtausbalancierung möglich, nämlich vermehrte Einschränkung von Amtszeiten, allgemeine Abschaffung vom Proportionalität auf Landesebene sowie die Einführung der Direktwahl von BürgermeisterInnen in allen Bundesländern und eine mögliche Direktwahl von Landeshauptleuten.[9]

### d) Volksabstimmungen

Hier kommt die zentrale Frage in den Vordergrund: Sollen Volksbegehren mit einer Mindestanzahl an Unterschriften automatisch einer Volksabstimmung zugeführt und unterzogen werden? Dagegen würde ein vermehrter Einsatz von Referenda sprechen. Diese wären, dass die Politik zu kurzfristig wird, Blockade von Abläufen einer EU-Integration sowie ein Missbrauch von einzelnen Themen in der Bevölkerung. Dafür wären, dass die WählerInnen ein Thema auf den politischen Alltag setzen könnten. Daher wäre es notwendig die Grenze der Unterschriften festzulegen.

### e) Politische Bildung

Im österreichischen Schulsystem sollte das Fach Politische Bildung eingeführt werden.

### f) ‚Democratic Audit' von Österreich

Mit ‚Democratic Audit' ist ein Ansatz, die Demokratie in einem Land zu messen. Hiermit ist gemeint, dass die Versuche der österreichischen Politikwissenschaft, die österreichische Politik von sich zu überzeugen, gescheitert ist und damit kein Erfolg hatte.

---

[9] Vgl. auch dazu Printquelle von Reinhold, 1999, 23.

## 4) Schlussfolgerung

Wenn man sich an Forschungen über die Demokratiequalität in Österreich stützt, kann man rasch herauslesen, dass Österreichs Demokratiequalität gesamt unterdurchschnittlich ist. Die Demokratiequalität des Jahres 2010 wurde in den OECD-Ländern anhand von empirischen Indikatoren gemessen. Dieses misst wie gut ein Land die Dimensionen der Freiheit, Gleichheit, Kontrolle und nachhaltige Entwicklung erfüllt. Die Dimension Freiheit erreicht eine unterdurchschnittliche Erfüllung, hingegen in der Dimension der Kontrolle ist Österreich überdurchschnittlich. Bei der Dimension der Gleichheit ist Österreich stabil.

Allgemein kann man sagen, dass die mangelnde Pressefreiheit, der geringerer Organisationsgrad der österreichischen Bevölkerung in politischen Vereinigungen sowie die wenig wirksame Informationsfreiheitgesetzgebung einige von den Faktoren sind, welche die Demokratiequalität beeinflussen.

Man kann davon ausgehen, dass Österreich zweifellos nicht zu den Ländern zählt, in denen Menschen ihre Grundrechte und ihr Recht der politischen Partizipation erkämpfen müssen. Hier ist Demokratie und Stabilität von sich aus zu erwarten. Doch genau für diese Erwartung sollte besonders darauf geachtet werden, dass die unterschiedlichen Bedeutungen dieser genannten Begriffe in ihrer Selbstverständlichkeit nicht verloren gehen. Um dieses zu vermeiden sollten sie permanent überprüft und hinterfragt werden. Daher spielen in diesem Kontext die Begriffe Demokratie und Demokratiequalität eine bedeutende Rolle und sollten somit nicht unterschätzt werden.

## 5) Literaturverzeichnis

- Campbell, David F.J. / Barth, D. Thorsten (2009), Wie können Demokratie und Demokratiequalität gemessen werden? Modelle, Demokratie-Indieces und Länderbeispiele im globalen Vergleich. SWS-Rundschau Nr. 49/2, 209-233.

- Campbell, David F. J. (2012). Die österreichische Demokratiequalität in Perspektive, 293-315, in: Ludger Helms / David M. Wineroither (Hrsg.): Die österreichische Demokratie im Vergleich. Baden, Nomos.

- Gärtner, Reinhold (1999), Blitzlichter, Innsbruck/Wien: Demokratiezentrum Wien.

- Klaus, Schubert/ Klein, Martina (2011), Das Politiklexikon, 5., aktual. Aufl. Bonn, Dietz.

- Pelinka, Anton (2003): Das politische System Österreichs. In: Ismayr, Wolfgang (Hg.): Die politischen Systeme Westeuropas, 3. Aufl., Opladen, Leske+Budrich.

# BEI GRIN MACHT SICH IHR WISSEN BEZAHLT

- Wir veröffentlichen Ihre Hausarbeit, Bachelor- und Masterarbeit

- Ihr eigenes eBook und Buch - weltweit in allen wichtigen Shops

- Verdienen Sie an jedem Verkauf

Jetzt bei www.GRIN.com hochladen und kostenlos publizieren